1 franc

LES DÉFENSEURS de la JUSTICE

AFFAIRE DREYFUS

15o Portraits

✱✱✱✱✱✱ DREYFUS, C^EL PICQUART, ZOLA, BERNARD LAZARE, SCHEURER - KESTNER, TRARIEUX, JAURÈS, CLÉMENCEAU, LABORI, DE PRESSENSÉ, ETC., ETC. ✱✱✱✱✱✱✱

Photographies de GERSCHEL.

PARIS

P.-V. STOCK, ÉDITEUR

8, 9, 10, 11, Galerie du Théâtre-Français, 8, 9, 10, 11

(Palais-Royal)

LES DÉFENSEURS DE LA JUSTICE

Voici des savants qui sont l'honneur de la France et des littérateurs qui en sont la gloire; toutes les illustrations du professorat, du barreau, du journalisme et de l'atelier!

Voici des Alsaciens que l'Alsace vénère et glorifie.

Et voici du même coup, au dire des gazettes réactionnaires, les vendus qui ont touché les millions du Syndicat judéo-allemand, les traîtres qui ont livré leur patrie à l'ennemi.

Voici ces félons, ces stipendiés, ces criminels, ces intellectuels!

Les défenseurs de la Justice!

*****

On trouvera, réunis dans cet album, les portraits des premiers insurgés du Droit, des citoyens qui ont, dès le début, apporté à une juste et sainte cause, l'appui de leur intelligence et la révolte de leur conscience; qui, dans le combat, ont porté des coups, reçu des blessures, peiné et souffert.

Une telle liste est forcément injuste, forcément approximative. Des obstacles matériels, des nécessités de tous ordres empêchent les énumérations, les classifications et les qualifications absolument exactes. Il y a eu des dévouements obscurs, d'extraordinaires courages que le public n'a pas connus. Des noms manquent et des plus importants : L'avocat Leblois, le lieutenant Chaplin (révoqué pour avoir écrit une lettre privée à Zola), A. Briant, le docteur Gibert, du Havre, Bourdon, Murmain, L. Golberg, P. Reclus, P. Delbet, Broussouloux, Crémieux, Lembrey, Valery, Libertad, Janvion, P. Delesalle, le docteur Lapique, Paul Souchon, Paul Cavaljhon, Genty, Paul Alexis, Ary Renan, Paul Passy, Ch. Friedel, H. Fontaine, J. Clamageran et cent autres. De Maurice Vernes, directeur de l'École des Hautes-Études à E. Mailliet, ouvrier ciseleur, beaucoup de ceux qui, sans compter, ont donné leur temps, leur talent, leur activité, toute la passion de leur âme pour la noble lutte, ne se trouveront pas dans cette galerie. D'autres, en comparaison de l'efficacité de leur action, de la grandeur des périls affrontés n'ont pas sur ces pages la place méritée. Tous excuseront cette imperfection; il ne s'agit pas ici d'organiser des hiérarchies, de fonder un protocole, de distribuer des grades, des récompenses et des décorations.

*****

Le but est plus précieux et plus utile.

Cet album n'est-il pas de nature à faire réfléchir bien des braves gens égarés par le mensonge quotidien des petits journaux? Il ne faut point une grande tension d'esprit pour regarder les images et l'effort n'est pas comparable à la lecture d'un article bourré de raisonnements enchaînés et démonstratifs. Quoiqu'ils n'aient pas une méthode bien sévère de jugement, puisqu'ils restent, sans protester, acheteurs fidèles de feuilles où prospèrent les sophismes naïfs, les truismes enfantins et l'escroquerie morale, les lecteurs de la presse soi-disant populaire, aujourd'hui tombée aux mains malpropres des spéculateurs, s'étonneront peut-être en parcourant cette publication. Ils s'étonneront de voir rassemblés pour une conquête commune les physionomies les plus disparates, les intelligences les plus diverses, les opinions les plus contradictoires, des opportunistes avec des socialistes et des libertaires, des académiciens et des ouvriers, des riches et des pauvres. Peut-être liront-ils sur tous ces fronts l'idéal unique? Peut-être alors, dans une lueur bienfaisante, sauront-ils enfin ce qui fait la vraie beauté et la valeur d'un être pensant? « Il n'est pas possible, diront-ils, que ces hommes si différents soient tous les bandits, les fous ou les fanatiques qu'on nous a décrits. Nous avons été trompés ».

Ils s'interrogeront; ils réfléchiront; et ils se demanderont pour la première fois par quel incroyable tour de passe-passe, des journalistes au passé trouble et au présent louche, cherchent à persuader au peuple que l'honneur de l'armée consiste à persécuter des malheureux sans défense pour sauver quelques officiers, faussaires, parjures, escrocs, dans le goût d'Esterhazy. Ils découvriront les intérêts vils et l'impudence inouïe des antisémites, des cléricaux ignorant le Christ, des petits politiciens, de toute cette tourbe qui, incapable d'un acte désintéressé, n'ayant jamais agi que pour l'argent, a été obligée d'imaginer la légende du syndicat afin de s'expliquer comment des hommes de cœur, des penseurs et des savants se sont tout à coup jetés dans la douloureuse mêlée. Ils trouveront ainsi les vrais motifs, la philosophie hautaine et grande des « Défenseurs de la Justice ». Et si, dans une histoire de la Révolution française, ils relisent la déclaration des Droits de l'Homme, ils la comprendront sans doute.

Quant aux amis de la Lumière et de la Vérité, ils garderont ce livre comme le souvenir d'un moment terrible où ils ont failli douter de tout, où pleurant la ruine morale de leur Patrie, ils ont été réveillés et réconfortés par quelques voix énergiques, par quelques nobles appels d'espoir.

*****

Mais en dehors d'un tel objet, cet album est aussi une indication pour la police de demain. A l'heure du fanatisme triomphant, de la réaction saoulée de vengeance, cette liste pourra servir aux argousins. Ils y trouveront avec d'autres renseignements utiles, le signalement exact de quelques républicains de France, des honnêtes gens à proscrire ou à livrer au bourreau. Lors de la Terreur réactionnaire rêvée par tant de nos contemporains, M. Bertillon n'aura même pas besoin de photographier les victimes.

On lui évite cette besogne.

Voici la première charrette. — L. F.

ALFRED DREYFUS

Lettre du capitaine Alfred Dreyfus à sa femme.

Le 7 février 1898.

Chère Lucie,

Je viens de recevoir tes chères lettres de décembre et mon cœur se brise, se déchire devant tant de souffrances imméritées. Je te l'ai dit, ta pensée, celle des enfants, me relèvent toujours, vibrant de douleur, de suprême volonté devant ce que nous avons de plus précieux au monde : notre honneur, la vie de nos enfants, pour jeter le cri d'appel de plus en plus vibrant de l'homme qui ne demande que la justice pour lui et les siens, et qui y a droit.

Depuis trois mois, dans la fièvre et le délire, souffrant le martyre nuit et jour pour toi, pour nos enfants, j'adresse appels sur appels au chef de l'Etat, au gouvernement, à ceux qui m'ont fait condamner, pour obtenir de la justice enfin, un terme à notre effroyable martyre, sans obtenir de solution.

Je réitère aujourd'hui mes demandes précédentes au chef de l'Etat, au gouvernement avec plus d'énergie encore s'il se peut, car tu n'as pas à subir encore un pareil martyre, nos enfants n'ont pas à grandir déshonorés, je n'ai pas à agoniser dans un cachot pour un crime abominable que je n'ai pas commis. Et j'attends chaque jour d'apprendre que le jour de la justice a enfin lui pour nous.

Je t'embrasse comme je t'aime, de toute la puissance de mon affection, ainsi que nos chers et adorés enfants.

Ton dévoué, ALFRED.

Photographie de GERSCHEL.

ÉMILE ZOLA

Phot. Nadar

« Se sentir la continuelle et irrésistible nécessité de crier tout haut ce qu'on pense, surtout lorsqu'on est seul à le penser et quitte à gâter les joies de sa vie, voilà quelle a été ma passion ; j'en suis encore tout ensanglanté, mais je l'aime et si je vaux quelque chose, c'est par elle, par elle seule. »

(Une Campagne, 1882.)

ÉMILE ZOLA.

La médaille de Zola, offerte au Maître par souscription. En or vert, elle a 16 centimètres de diamètre et pèse deux kilogrammes deux cents grammes. Elle est l'œuvre du sculpteur Alexandre Charpentier.

Photographies de GERSCHEL.

LE LIEUTENANT-COLONEL PICQUART

« Nous demandions un héros, le voilà..... Oui, c'est un héros dans toute la force du terme, un homme qui honore l'humanité et qui semble sorti des pages de Plutarque. » (*Un Héros*, par F. DE PRESSENSÉ.) Le lieutenant-colonel Picquart est né à Strasbourg, le 6 septembre 1854, d'une des plus vieilles familles lorraines. Deux ans après la guerre de 1870, il entre à l'école de Saint-Cyr et, en 1876, il sort de l'école d'Etat-Major avec le numéro 2. Après avoir, en Algérie et au Tonkin, fait preuve du plus beau courage militaire et après avoir été cité à l'ordre du jour de l'armée pour faits de guerre, il est, officier plus savant encore que brave, nommé professeur à l'École supérieure de guerre. Le 1er juillet 1895, il devient chef du bureau des renseignements, et le 6 avril 1896, lieutenant-colonel, le plus jeune officier du grade dans toute l'armée française. Dans cette situation, il découvre la culpabilité d'Esterhazy, véritable auteur du bordereau pour lequel Dreyfus a été condamné. Ne voulant pas, comme il l'a dit, emporter ce terrible secret dans la tombe, il demande la réparation d'une effroyable erreur. Alors commencent contre l'officier coupable de vouloir la lumière, coupable d'avoir une conscience, des persécutions, des machinations implacables. On le chasse de l'armée; on l'emprisonne pour des motifs invraisemblables et ridicules. Mais malgré tout, fort de la Justice et de la Vérité, le colonel Picquart reste inébranlable, impassible devant les attaques les plus injustes, les plus violentes, les plus cruelles. « Celui-là est un homme. Rappelez-vous ce que je dis aujourd'hui; je suis un peu sorcière à mes heures. Il a le signe : vous verrez ce que l'avenir fera de lui ! » (SÉVERINE).

La Fronde, 11 janvier 1898.

Photographie de GERSCHEL.

BERNARD LAZARE

Bernard Lazare a été dans la campagne pour le capitaine Dreyfus l'ouvrier de la toute première heure. Penseur de belle envergure, littérateur d'élite, journaliste d'autorité, il se consacra tout entier à la réparation du crime des antisémites. Dès lors, les journaux où il écrivait lui fermèrent leurs portes et il vit se refroidir autour de lui bien des amitiés devenues prudentes; il continua. Infatigable, il rendit visite à toutes les hautes autorités parisiennes, recommença mille fois les mêmes démonstrations en faveur du capitaine Dreyfus. Il ne s'effraya ni de l'indifférence des uns, ni de la bonhommie hypocrite, ni de la colère, ni de la lâcheté des autres. Il comprit que pour se faire entendre de ceux qui volontairement faisaient les sourds, il fallait agir avec violence. Ses brochures hardies et vigoureuses réveillèrent les indifférents et semèrent l'inquiétude dans les esprits justes. Bernard Lazare avait pour lui la bonne foi, le bon droit. Il a brisé ses ennemis qui avaient pour eux l'autorité et la puissance. « Contre la vérité, écrivait-il, il faut d'autres adversaires, et c'est vainement qu'on fermera les portes du tribunal, vainement qu'on voudra empêcher les témoins de parler, vainement qu'on déchaînera la canaille, qu'elle soit antisémite ou patriotarde...... tant qu'on n'aura pas tout dit, il est des hommes qui parleront. Je serai de ceux-là : rien ne pourra m'arrêter et justice sera rendue. »

Photographie de GERSCHEL.

LES DÉFENSEURS DE LA JUSTICE

Phot. Pierre PETIT

P.-E. DUCLAUX

Édouard GRIMAUX

Paul STAPFER

Phot. Pirou

SCHEURER-KESTNER

Ludovic TRARIEUX

Phot. Chalot

Jules ANDRADE

Phot. Braun

Auguste LALANCE

M. THÉVENET

LES INDÉPENDANTS

Scheurer-Kestner, un Alsacien aimé dans toute l'Alsace, un républicain, un savant. Vice-président du Sénat. Scheurer-Kestner a fait en faveur de la lumière les premières démarches officielles : à l'âge de 64 ans, il a bravé l'injure, la menace, pour le triomphe de la justice. L'attitude misérable de Méline et du général Billot à l'égard d'un homme comme Scheurer-Kestner, a précipité les événements et fortifié bien des convictions. — Le sénateur Trarieux, ancien ministre de la Justice, témoin au procès Zola, a voué toute son activité à la réparation de l'erreur commise contre le capitaine Dreyfus. Il est Président de la Ligue des Droits de l'Homme. — Le sénateur Thévenet, également ancien Garde des Sceaux, a fait au procès Zola une déposition d'une pensée très belle et très élevée. — Auguste Lalance, un Alsacien envoyé au Reichstag comme député protestataire. Dans cette pénible mission, il s'est acquis les sympathies de toute l'Alsace. Témoin au procès Zola, il a fait un chaleureux éloge de la famille Dreyfus. — P.-E. Duclaux, membre de l'Institut, professeur à la Faculté des Sciences, successeur de Pasteur à la direction de l'Institut Pasteur, a été l'un des premiers à protester contre l'iniquité commise. Par la parole et la plume, il a pris une grande part à l'action pour la lumière. — Édouard Grimaux, membre de l'Institut, professeur à l'École Polytechnique, une des plus nobles figures de la science française, prononça un discours ému, où il prouva que le vrai patriotisme ne saurait être l'ennemi du droit. Il a été révoqué de sa fonction de professeur à l'École Polytechnique, malgré vingt-deux ans de service. — Paul Stapfer, doyen de la Faculté des lettres de Bordeaux, a fait sur la tombe de son collègue Couat un superbe discours où, fidèle à la pensée du défunt, il parlait en faveur de la Justice méconnue. Pour cette raison, Paul Stapfer a été frappé de suspension par le ministre Bourgeois. — Jules Andrade, professeur à la Faculté des Sciences de Rennes, ayant fait hautement connaître son opinion sur l'affaire Dreyfus, a été puni de suspension par le ministre Rambaud, puis déplacé à Montpellier par le ministre Bourgeois.

Photographies de GERSCHEL.

LES DÉFENSEURS DE LA JUSTICE

Anatole FRANCE

Octave MIRBEAU

Maurice BOUCHOR

Jean PSICHARI

Gabriel SÉAILLES

Commandant FORZINETTI

Albert RÉVILLE

Gabriel MONOD

Félix PÉCAUD

F. BUISSON

Michel BRÉAL

LES INDÉPENDANTS

Anatole France, de l'Académie française, le plus charmant, le plus français de nos littérateurs, celui qui sait le mieux envelopper d'un sourire l'amertume ou la gravité d'une pensée. Témoin au procès Zola, il a été l'un des plus convaincus, l'un des plus hardis dans la lutte contre l'erreur. — Octave Mirbeau, l'éloquent écrivain : il a, par la plume et par la parole, fait en faveur de Zola et pour la vérité une énergique campagne. — Le poète Maurice Bouchor, imitant l'exemple de J. Barbier et de de Pressensé, a dédaigné de porter le ruban rouge, depuis que Zola a été rayé de la Légion d'honneur. — Jean Psichari, directeur-adjoint à l'École des Hautes Études, le gendre de Renan. — Gabriel Séailles, professeur de philosophie à la Faculté des Lettres de Paris. — Albert Réville, professeur au Collège de France, un savant vénéré qui écrivit dans le *Siècle* une série d'articles d'une infatigable logique. — Gabriel Monod, directeur de l'École des Hautes Études, directeur de la *Revue historique* qui, avec son fils Édouard, fut un des premiers à s'élever contre le mensonge et l'iniquité. — Michel Bréal, membre de l'Institut, inspecteur général de l'Instruction publique pour l'enseignement supérieur, sont de ces intellectuels qui ont jugé vraiment patriotique de sortir enfin des bibliothèques pour s'opposer à la « démence de la canaille » et pour arrêter la chute morale de leur pays. — Le Commandant Forzinetti, dirigeait la prison du Cherche-Midi à l'époque de l'arrestation de Dreyfus. Témoin des procédés inquisitoriaux par lesquels on cherchait à extorquer des aveux au capitaine, témoin des protestations sans cesse renouvelées de la victime, le commandant Forzinetti, convaincu de l'innocence de Dreyfus, ne voulut pas, lui non plus, « emporter ce secret dans la tombe. » Sans se lasser, et malgré les conséquences qu'un tel acte pouvait avoir sur sa carrière, le commandant Forzinetti fit autour de lui et tout de suite après la condamnation, une propagande active et efficace. — F. Buisson, ancien directeur de l'Enseignement primaire, professeur à la Sorbonne. Sur la tombe de Félix Pécaud, il prononça un discours où il affirmait hautement sa passion de justice. — Félix Pécaud, inspecteur général de l'Université, créateur de l'École normale supérieure de Fontenay-aux-Roses, membre du Conseil supérieur de l'Instruction publique. Sur son lit de mort, il fit écrire à Paris pour envoyer sa démission. N'étant plus fonctionnaire, il put ainsi, avant de mourir, joindre ses protestations à celles des amis de la vérité et « libérer sa conscience. »

Photographies de GERSCHEL.

Me MONIRA

Me Fernand LABORI

Phot. Pirou

Me HILD

Me MORNARD

Me Edgar DEMANGE

Phot. Pirou

Me Albert CLÉMENCEAU

Paul MEYER

Phot. Fontés

A. GIRY

Auguste MOLINIER

Émile MOLINIER

LES AVOCATS. — L'ÉCOLE DES CHARTES

Fernand Labori, avocat d'Émile Zola et du lieutenant-colonel Picquart. Aidé dans l'étude des documents par ses infatigables secrétaires Hild et Monira, Fernand Labori s'est, lors du procès historique de Zola, montré l'égal des plus grands avocats de tous les temps. Par son inlassable énergie, son courage, sa fougue, sa science, sa conscience et son éloquence, il s'est acquis une réputation maintenant universelle. — Me Albert Clémenceau, frère de Georges Clémenceau, avocat de Perrenx, le gérant de l'Aurore, poursuivi en même temps que Zola. La voix nette d'Albert Clémenceau, ses observations d'une logique implacable ont produit grand effet et rendu le jeune avocat célèbre. — Me Edgard Demange, un maître du barreau français, avocat de Dreyfus devant le Conseil de guerre; n'ayant jamais eu entre les mains les preuves de la culpabilité de son client, Edgard Demange n'a cessé d'encourager la famille Dreyfus à mener campagne pour la revision. — Me Mornard, remarquable par sa science du droit, son éloquence sobre, est avocat à la Cour de cassation. Il a été choisi par la famille Dreyfus pour soutenir la procédure de revision. — L'École des Chartes, où se trouvent tout naturellement les savants les plus compétents en matière d'écritures, a, au procès Zola et par l'intermédiaire de ses principaux représentants, affirmé que le bordereau qui a fait condamner Dreyfus, est de l'écriture d'Esterhazy. C'est ce qu'ont prouvé très nettement, outre les experts Celerier, Bourmont, Franck. etc., MM. Paul Moriaud, professeur à la Faculté de droit de l'Université de Genève; Louis Havet, professeur au Collège de France et à la Sorbonne; Paul Meyer, membre de l'Institut, professeur au Collège de France, directeur de l'École des Chartes; Giry, membre de l'Institut, professeur à l'École des Chartes et à l'École des Hautes Études; Auguste Molinier, professeur à l'École des Chartes, et Émile Molinier, ancien élève de l'École des Chartes, archiviste paléographe, conservateur au Musée du Louvre.

Photographies de GERSCHEL.

LES DÉFENSEURS DE LA JUSTICE

Henri BRISSON

Phot. Nadar

Mathias MORHARDT

Hyacinthe LOYSON

CRÉPIEUX-JAMIN

Phot. Pirou

Madame DURAND

Phot. Otto

Francis de PRESSENSÉ

BRADAMANTE

G.-A. HUBBARD

A. RATIER

DELPECH

D' G. HERVÉ

D' J. HÉRICOURT

F. DESMOULIN

A. BRUNEAU

Phot. Bary

Raoul ALLIER

Ch. RICHET

Phot. Pierre Petit

Frantz JOURDAIN

Phot. Pirou

LES INDÉPENDANTS

Henri Brisson, ancien Président de la Chambre des Députés. Étant président du Conseil des Ministres, il a, malgré les clameurs des ennemis, en dépit des menaces et des trahisons de son entourage, arraché l'affaire Dreyfus aux politiciens pour la remettre aux juges. Il a ainsi rendu à son pays le plus grand service et il s'est acquis une belle place dans l'histoire de la France républicaine. — Mathias Morhardt, rédacteur au *Temps*, a, dès le début, consacré toute son activité à la cause de la Vérité. Il est le secrétaire de la « Ligue des Droits de l'Homme et du Citoyen ». — Le père Hyacinthe Loyson a été l'un des premiers à combattre avec les amis du Droit et de l'honnêteté. — Crépieux-Jamin, témoin au procès Zola, expert en écritures, a découvert et prouvé l'identité de l'écriture du bordereau et de celle d'Esterhazy. — Marguerite Durand, fondatrice et directrice du célèbre journal féministe la *Fronde*, a énergiquement combattu pour la Lumière et la Justice. Elle a été aidée dans cette tâche par des collaboratrices hors de pair, comme Séverine, Bradamante qui s'est révélée fougueuse et superbe polémiste, comme Clémence Royer, Marcelle Tinayre, Mme Léopold Lacour, Savioz, Hélène Sée, etc., etc. — Francis de Pressensé. Son bulletin politique du *Temps*, si magistralement documenté et raisonné, fait autorité, est journellement reproduit et commenté dans le monde entier. Par ses conférences, par ses articles dans l'*Aurore*, par ses actes, il a cherché, avec une magnifique énergie et un mépris complet du danger, non seulement à faire réparer une erreur et un crime, mais aussi à lutter contre l'indifférence de la foule, contre des préjugés tenaces, contre les passions réactionnaires qui déshonorent la République. — G. Hubbard, ancien député, témoin au procès Zola ; les sénateurs A. Ratier et Delpech ; les docteurs G. Hervé, J. Héricourt, témoin au procès Zola, rédacteur en chef de la *Revue scientifique*, chef-adjoint du Laboratoire de physiologie de la Faculté de médecine ; Ch. Richet, professeur à la Faculté de médecine, ont été des plus illustres « Défenseurs de la Justice. » — Raoul Allier, professeur de l'histoire de la philosophie à la Faculté de théologie protestante de Paris, auteur de la brochure *Voltaire et Calas*, collaborateur du *Siècle*. — F. Desmoulin, peintre graveur ; le célèbre compositeur de musique Bruneau ; l'architecte lettré Frantz Jourdain, sont des amis fidèles de Zola qui ont prouvé tout leur dévouement pendant les jours d'épreuve. Les deux premiers accompagnaient et protégeaient Zola lors des périlleuses journées du grand procès.

Photographies de GERSCHEL.

LES DÉFENSEURS DE LA JUSTICE

LES INDÉPENDANTS

Quatre révolutionnaires : A. Cyvoct, ancien forçat innocent ; Sébastien Faure, superbe orateur libertaire ; E. Joindy, également un tribun passionné ; Jean Allemane qui, par l'ascendant de son caractère, a formé un groupe révolutionnaire portant son nom. Tous quatre se sont multipliés pour expliquer au peuple assemblé dans les réunions publiques l'iniquité commise et l'intérêt qu'il y a pour tous à soutenir la cause de la justice. — Le docteur G. Barbézieux, Directeur politique de la *Paix*, a mené dès le début la campagne pour la lumière. — Henri Deloncle a été avec son ami Louis Forest un propagandiste de la toute première heure. Il publia dans l'*Indépendance belge* peut-être le premier article de la grande presse favorable aux idées de Bernard Lazare. — Les dessinateurs Hermann Paul et Ibels, l'un dans le *Cri de Paris*, l'autre dans le *Sifflet* d'Achille Steens, où se firent encore remarquer Couturier et Chevalier, ont soutenu le bon combat par de vigoureuses et spirituelles caricatures. — L'éditeur P.-V. Stock, témoin au procès Esterhazy, a eu le courage, malgré les menaces et les responsabilités, d'éditer les brochures de Bernard Lazare et, dans la suite, toutes les autres publications sur l'affaire Dreyfus. — Mme Hélène Sée et Savioz (Mme de Sainte-Croix), rédactrices à la *Fronde*. — H. de Bruchard, un intellectuel courageux qui n'a pas craint de faire le coup de poing. — Thadée Natanson de la *Revue blanche*. Louis Franck, de Bruxelles, un lettré, un savant. Il a fait au procès Zola une superbe démonstration au sujet du bordereau attribué à Dreyfus et écrit par Esterhazy. — Em. Vidal, banquier, publiciste, a pris part aux premières campagnes du *Siècle*. Il a publié, chaque jour, dans la *Cote de la Bourse et de la Banque* de vaillants commentaires des graves événements de l'année 1898. — Guy Péron, étudiant, a mené dans le *Réveil du Quartier*, un rude combat contre les étudiants antisémites du Quartier Latin. — Jacques Bahar a, l'un des premiers, fait une grande propagande populaire par de petites brochures très claires et très efficaces.

SÉVERINE

Avez-vous, parfois, dans les bois tout pleins d'angoisse, dans les ténèbres accrues de la dernière heure, dans le frisson pénétrant de l'invisible, vu se lever la tremblante aurore, effacée et transie comme une tourterelle mouillée ?

Par dessus le silence attentif, ce n'était rien d'abord, qu'une pâleur, une touche lactée, un reflet d'albâtre sous les voiles d'ombres — telle qu'une lampe venant de très loin à travers le brouillard.

Mais la lueur ne demeurait pas centrale, s'étendait, envahissait tout le ciel. Les objets devenaient distincts ; un murmure tombait des cimes, montait du sol. Délivrée de son deuil nocturne, la terre s'éveillait, ingénue, puérile, avec l'enfance de la journée.

Lorsque, soudain, la première flèche dardait, vibrante, de l'arc d'or. Et l'immense hosannah retentissait, traduisant l'allégresse des instincts et des âmes, devant la lumière libératrice, la divine chasseresse des doutes, des traîtrises et des effrois!

Rentrez dans vos trous, les hiboux, et dans vos tanières, les bêtes puantes : voici le jour !...

SÉVERINE.

(La Fronde, 28 octobre 1898.)

LES DÉFENSEURS DE LA JUSTICE

Phot. G. Blanc.

Lucien DESCAVES

Phot. Nadar.

Gustave GEFFROY

Henri LEYRET

Phot. Pierre Petit

Jean JULLIEN

A. BERTHIER

Henri VARENNES

Léon MILLOT

B. GUINAUDEAU

Georges LHERMITTE

Georges LAPORTE

Georges CLÉMENCEAU

Urbain GOHIER

Ernest VAUGHAN

Albert GOULLÉ

MALATO

Philippe DUBOIS

Phot. Lepic.

H. BRISSAC

Phot. Ladrey-Disdéri

Albéric DARTHÈZE

L'AURORE

L'*Aurore*, fondée par M. Ernest Vaughan il y a quinze mois à peine, s'est rapidement placée au premier rang des grands journaux démocratiques. Un tel succès a peu de précédents dans l'histoire de la presse. Qu'il soit dû en partie à la revision du procès de 1894, cela n'est pas contestable ; mais il faut aussi reconnaître que l'affaire Dreyfus devait fatalement rentrer dans le programme d'un journal, créé pour la défense exclusive et absolument désintéressée des idées de progrès, d'humanité et de justice.

L'*Aurore*, d'ailleurs, a d'autres titres à faire valoir, non moins glorieux et non moins féconds. A côté de la magistrale intervention d'Emile Zola et du procès retentissant qui s'en est suivi ; à côté des admirables articles de G. Clémenceau, articles d'une si haute éloquence et d'une si implacable logique, nous pouvons rappeler la victorieuse campagne de Henry Leyret en faveur de Cyvoct, les écrasantes et si documentées révélations d'Urbain Gohier sur l'armée de Condé, les chapitres étincelants de son livre l'*Armée contre la Nation*, publiés d'abord dans l'*Aurore*. Urbain Gohier, comme Emile Zola, va recevoir la consécration de la Cour d'assises. L'*Aurore* a entrepris, en outre, la publication des *Cahiers du travail* que Georges Laporte rédige avec autant de dévouement à la cause prolétarienne que de réelle compétence. Et la campagne si vaillamment menée par G. Lhermitte en faveur des plus humbles victimes du code militaire, ne doit-elle pas, elle aussi, être signalée ?

Mais il serait superflu de dire ici les mérites de chacun. Il suffit d'énumérer les noms : Octave Mirbeau, Francis de Pressensé, Lucien Descaves, Bernard Lazare, Gustave Geffroy, Jean Jullien, Georges Lorand, Camille Mauclair, Berthier, Albert Goullé, Léon Millot, G. Lefrançais, Henri Varennes, Philippe Dubois, B. Guinaudeau, Ad. Manière, Henri Brissac, Paule Minck, Charles Martel, Alfred Breuillé, etc., etc. Chaque nom cache un homme et un écrivain, une volonté et un talent.

Comment donc un journal conçu dans l'esprit de l'*Aurore*, sans aucune arrière-pensée d'ambition personnelle, résolu à ne jamais solliciter la moindre parcelle du pouvoir, pourrait-il, avec de tels rédacteurs, ne pas réussir dans le pays des idées larges et généreuses qu'est et restera, en dépit des réacteurs, la France républicaine ?

Photographies de GERSCHEL.

LES DÉFENSEURS DE LA JUSTICE

Paul MARION

Henri DAGAN

E. ALLARD

G. TIMMORY

Louis VAUXCELLES

Emile MICHON

Pierre BERTRAND

Pierre QUILLARD

Paul BRULAT

Phot. RETTLINGER
Léopold LACOUR

LE PIC

Hector DEPASSE

Phot. BARY
Jean AJALBERT

Édouard CONTE

Georges LECOMTE

Laurent TAILHADE

Gustave KAHN

Marcel HUART

Camille LÉVY

Maitre JACQUES

Georges COLLET

Auguste BLOSSEVILLE

Georges LESDILES

Louis RAVAILLE

LES DROITS DE L'HOMME

Les *Droits de l'Homme* ont fourni pour la Justice une campagne qui les a mis au premier rang de la presse républicaine. Ce vaillant journal laisse à ses collaborateurs une indépendance complète ; aussi a-t-il pu grouper des hommes comme Hector Depasse, républicain dans toute la force du terme, dont le talent et la personnalité imposent le respect ; comme Ajalbert qui, claquant les portes des rédactions vendues, est accouru de tout son enthousiasme et de toute sa vaillance mener les premiers assauts du journal ; comme l'intrépide Le Pic, grandi en six mois au rang des maitres du pamphlet ; comme Pierre Bertrand, qui fut le second rédacteur en chef ; comme Laurent Tailhade et Gustave Kahn, maitres du verbe ; comme Pierre Quillard, toujours sur la brèche dans la lutte pour la Liberté ; comme Brulat, Lacour, Conte, Huart, Henri Dagan, etc., etc. Les *Droits de l'Homme* ont été fondés par Henri Deloncle et Louis Forest, le 9 janvier 1898. Henri Deloncle, très grand esprit qui n'a pu donner sa mesure, s'était chargé de la rédaction en chef ; mais il mourut quelques jours après l'apparition du premier numéro où il exposait son programme : « Nous serons, disait-il, intégralement et vaillamment, le journal des Droits de l'Homme, une sorte de chien de garde démuselé, de molosse aux crocs lourds, veillant sur tous ceux qui veulent, par force ou par ruse, pénétrer dans la République... ... Et vous qui rêvez des réformes, citoyens soucieux du sort des humbles, obscurs soldats du droit fidèles à la démocratie, vous qui avez gardé la conscience des aïeux révolutionnaires, vous qui, par dessus tout, désirez et respectez la Justice, soyez chez vous dans ce journal nouveau, dans la feuille des Jacobins, dans la feuille hardie qui veut s'entreprendre sans merci à relever en France le courage national et le sens de la dignité individuelle ! » Le programme de Henri Deloncle a été accompli.

Photographies de GERSCHEL.

Henri TUROT

Maurice CHARNAY

Jules LEJEUNE

Gabriel BERTRAND

Gaston CAGNIARD

Jean JAURÈS

Phot. Nadar

Amilcare CIPRIANI

GÉRAULT-RICHARD

Jacques DHURR

Eugène THÉBAULT

Madame SORGUE

Roger GATINEAU

Hippolyte LENCOU

LA PETITE RÉPUBLIQUE

De toutes les campagnes menées au cours de l'année 1898 pour le triomphe de la Justice et de la Vérité, celle de la *Petite République* peut être considérée comme une des plus ardentes et des plus vigoureuses.

Bien qu'en sa qualité d'organe du parti socialiste, la *Petite République* fût et reste dévouée avant tout aux intérêts de classe du prolétariat, elle ne pouvait détourner la tête aux appels de l'innocence martyrisée, se bander les yeux devant les iniquités commises. Elle devait à son parti, dont l'idéal se résume dans la justice, de s'engager hardiment dans la bataille et de hâter la victoire du bon droit sur l'erreur et le mensonge. Elle prit donc parti nettement, dès la première heure, plus préoccupée de devancer l'opinion de ses lecteurs que de la subir. La polémique de son rédacteur en chef Gérault-Richard avec M. Rochefort est encore présente à tous les esprits. On sait comment un duel fameux, agité comme un épouvantail par M. Rochefort devant un adversaire qu'il croyait terroriser et qui ne répondait à ses fanfaronades que par le sourire, l'aiguisa au lieu de le terminer.

Est-il besoin enfin de mentionner l'admirable effort réalisé par Jean Jaurès dans son ouvrage *Les Preuves*, publié chapitre par chapitre dans la *Petite République* et dont les événements, en se précipitant, en dévoilant progressivement la vérité, semblaient se plaire à faire, d'heure en heure, des prophéties? Qui ne se rappelle que, quarante-huit heures avant le suicide du colonel Henry, Jaurès avait démontré matériellement que Henry était un faussaire? L'impitoyable logique de Jaurès a triomphé des mensonges; elle a deviné et dénoncé les faussaires; elle a tracé la route à la justice. *Les Preuves* resteront comme l'impérissable monument de la Raison victorieuse de l'intrigue criminelle et de l'aveugle crédulité.

A côté de ce formidable lutteur, le groupe compact de ses collaborateurs a combattu avec des moyens plus modestes, mais avec une égale ardeur. Par leurs recherches personnelles, par leurs talents d'écrivains, par leur verve de polémistes, ils ont secondé Jaurès avec fruit et ils ont tous contribué pour leur part à la mise en marche de la justice, à l'avènement de la vérité.

Photographies de GERSCHEL.

LES DÉFENSEURS DE LA JUSTICE

Phot. Ladrey-Disnéri

Henry MARET

Phot. Piroc

A. RANC

Phot. L. Martin

Sigismond LACROIX

J. DERRIAZ

Victor SIMOND

Michel HIRSCH

Maxime VUILLAUME

Jules LERMINA

MILLET

Ernest LESIGNE

Roland FÉRET

A. VILLAIN

LE RADICAL

Le *Radical* a été l'un des premiers journaux à s'occuper de l'affaire Dreyfus. Dès le début, fidèle à ses principes libéraux, il blâma les allures mystérieuses de l'instruction et protesta contre le huis-clos du tribunal militaire. Plus tard, lorsqu'on apprit que les officiers du conseil de guerre avaient eu connaissance de pièces cachées à l'accusé et à son défenseur, le *Radical* releva avec une tenace énergie l'illégalité monstrueuse. Au cours de cette campagne, le *Radical* flagellait l'antisémitisme, forme nouvelle de cléricalisme, révélait les criminelles tentatives ourdies pour la perte d'un innocent et la sauvegarde d'un coupable. Rude campagne, car le *Radical* dut, au début, combattre même ses amis du Parlement, même le parti politique dont il avait emprunté le nom et dont il était l'organe le plus important. Il est donc juste d'observer que M. Victor Simond a montré un réel courage quand, contre l'engouement général, sans autre préoccupation que les idées de patrie et de liberté, il mit le journal qu'il avait fondé, il y a dix-huit ans, au service d'une cause d'abord impopulaire. A côté de lui, MM. Ranc, un des plus ardents défenseurs de la vérité, Henry Maret, Sigismond Lacroix, ont mené, dans une forme admirable, le bon combat pour la lumière. Chaque jour aussi, par la plume de MM. J. Derriaz, Michel Hirsch, Jules Lermina (Un Parisien), Maxime Vuillaume, et de tant d'autres dont le manque de place nous interdit de citer les noms, le *Radical* oppose aux calomnies, aux injures de ses adversaires, le calme, le sang-froid et les seuls arguments de la raison.

Photographies de GERSCHEL.

LES DÉFENSEURS DE LA JUSTICE

Phot. Brizard.

Fernand LEFÉVRE, Sec. général

Amédée BLONDEAU

Phot. Brizard.

André HONNORAT

Lucien VICTOR-MEUNIER

Phot. Brizard.

Pierre LEFÉVRE, Directeur du *Rappel*

Jean DESTREM, Sec. de la Rédaction

Hugues DESTREM

Paul DÉSACHY

Louis MARSOLLEAU

LE RAPPEL

Fondé en 1869, sous la haute inspiration de Victor Hugo, pour dresser en face de l'Empire le drapeau de la République et réveiller dans le peuple les souvenirs de la Révolution, le *Rappel* qui, dirigé par Auguste Vacquerie, mena si rude campagne contre le Seize-Mai, puis contre le Boulangisme, devait être fidèle à ses vieilles traditions démocratiques, et a été, en effet, le premier des journaux français à combattre pour la Justice et pour la Vérité.

Dans la même semaine où Scheurer-Kestner, en présence de la cruelle inertie du gouvernement, porta la question devant l'opinion publique, le *Rappel*, puisant ses seules forces en sa conscience, déclara pour la revision du procès de 1894 dans des articles de Henry Fouquier, J.-L. de Lanessan et Lucien Victor-Meunier (6, 9 et 10 novembre 1897). Nous reproduisons ici les traits de ceux des rédacteurs du *Rappel* qui, depuis le commencement de la campagne, ont été tous les jours sur la brèche ; à côté d'eux, MM. de Lanessan, H. Fouquier, Charles Bos, Charles Frémine, Paul Gégnon, Emile Villème, Czapo, ont aussi collaboré à l'œuvre de lumière.

Le *Rappel* a pris une part active à la campagne de réunions publiques qui a si puissamment agi dans l'opinion. C'est dans un de ces meetings, à la Salle du Pré-au-Clercs, que Lucien Victor-Meunier lança, aux acclamations de trois mille citoyens, l'idée d'une souscription nationale pour offrir une épée d'honneur au colonel Picquart, idée adoptée le lendemain par la Ligue pour la défense des Droits de l'Homme, accueillie avec enthousiasme par la foule, et à laquelle on ne renonça qu'à la demande formelle du colonel Picquart lui-même — mais qui devra être reprise.

Le *XIXe Siècle*, avec les mêmes rédacteurs, est resté également fidèle aux principes de liberté et de droit que son fondateur Edmond About a si brillamment défendus.

Photographies de GERSCHEL.

LES DÉFENSEURS DE LA JUSTICE

GARREAU-DOMBASLE

Joseph REINACH

Camille LE SENNE

René DUBREUIL

Yves GUYOT

Gaston SALLES

Charles RAFFARD

Armand MASSIP

Maurice REYMOND

LE SIÈCLE

Le journal le *Siècle* a soutenu avec autant de méthode que d'énergie la revision du procès Dreyfus. L'esprit scientifique, le bon sens et le sérieux avec lequel les collaborateurs du *Siècle* ont mené la campagne, ont groupé autour de ce journal les plus éminents parmi les intellectuels qui se sont mis, dès le premier jour, du côté de la vérité et de la justice. Réorganisé par M. Massip, directeur administrateur, le *Siècle* est, à cette heure, l'un des quotidiens les plus importants de France. Il représente, selon une formule qu'il a adoptée, « l'égalité de tous les Français devant la loi, soit qu'elle protège, soit qu'elle réprime : la libre accession de tous les Français aux dignités et emplois, sans privilèges ni exceptions; le respect des formes légales pour tous ; la responsabilité effective de tous les magistrats, fonctionnaires, agents militaires ou civils, qui violent la loi : la subordination de la force publique aux pouvoirs civils. » Dans l'affaire Dreyfus, le *Siècle* s'est fait remarquer par l'excellence de ses informations. Il a publié des documents décisifs tels, par exemple, que l'acte d'accusation contre Dreyfus. Yves Guyot, ancien ministre, directeur politique du *Siècle*, témoin au procès Zola, l'un des plus courageux défenseurs de la justice, a dirigé son journal avec une vigueur, une verve d'argumentation merveilleuses et ses articles en faveur de la vérité resteront comme des modèles. À côté de lui, M. Joseph Reinach a publié des pages remarquables par la clarté, la logique et la belle expression de la pensée. Joseph Reinach est un de ceux qui, bravant l'injure et l'impopularité, ont le plus bataillé, aussi le plus souffert pour la cause du Droit. — Les noms des intellectuels qui ont aidé le *Siècle* dans sa belle campagne forment un véritable tableau d'honneur : MM. Raoul Allier, Pierre Barbier, Ernest Brelay, Maurice Bouchor, G. Bardet, Victor Basch, Julien Benic, Buisson, Théodore Duret, Duclaux, J. Fleury, A. Giry, docteur Gibert, Othon Guerlac, Hauser, docteur Héricourt, docteur Georges Hervé, Leleu, docteur Laborde, André Lefèvre, docteur Letourneau, J.-A. Lévy, docteur Lochard, Michel Colline, A. Molinier, G. de Molinari, Un officier supérieur, Louis Ollivier, Frédéric Passy, Pryasagar, Jean Psichari, A. Raffalovich, A. Réville, Louis Ratisbonne, Paul Reclus, Stéphane Arnoulin, Maurice Vernes, Emmanuel Vidal, Edmond Wellys, Montguyon-Le Duc, etc., etc.

Gersch

Gerschel
Photographe
de l'École Polytechnique
TÉLÉPHONE 135.50
23, Bould des Capucines
En face le Grand Hôtel.
EXPOSITION PERMANENTE DE
Photographies, Peintures,
PHOTOSANGUINES PHOTOGRAVURES.
Reproductions et Agrandissements
inaltérables
d'après tous les anciens portraits.
ATELIER SPÉCIAL POUR ENFANTS
ASCENSEUR

9 782329 644073